BEI GRIN MACHT SICH IHR WISSEN BEZAHLT

- Wir veröffentlichen Ihre Hausarbeit, Bachelor- und Masterarbeit

- Ihr eigenes eBook und Buch - weltweit in allen wichtigen Shops

- Verdienen Sie an jedem Verkauf

Jetzt bei www.GRIN.com hochladen und kostenlos publizieren

Bibliografische Information der Deutschen Nationalbibliothek:

Die Deutsche Bibliothek verzeichnet diese Publikation in der Deutschen National-
bibliografie; detaillierte bibliografische Daten sind im Internet über http://dnb.d-
nb.de/ abrufbar.

Impressum:

Copyright © 2015 GRIN Verlag
Druck und Bindung: Books on Demand GmbH, Norderstedt Germany
ISBN: 9783668275584

Dieses Buch bei GRIN:

https://www.grin.com/document/337695

Florian Schweer

Stressmanagement und Stressbewältigung im Betrieb

Einsendeaufgabe im Breich Qualitätsentwicklung und Evaluation

GRIN Verlag

GRIN - Your knowledge has value

Der GRIN Verlag publiziert seit 1998 wissenschaftliche Arbeiten von Studenten, Hochschullehrern und anderen Akademikern als eBook und gedrucktes Buch. Die Verlagswebsite www.grin.com ist die ideale Plattform zur Veröffentlichung von Hausarbeiten, Abschlussarbeiten, wissenschaftlichen Aufsätzen, Dissertationen und Fachbüchern.

Besuchen Sie uns im Internet:

http://www.grin.com/

http://www.facebook.com/grincom

http://www.twitter.com/grin_com

Deutsche Hochschule für
Prävention und Gesundheitsmanagement
Hermann Neuberger Sportschule 3
66123 Saarbrücken

Einsendeaufgabe

Fachmodul:	Qualitätsentwicklung und Evaluation
Studiengang:	Master of Arts in Prävention und Gesundheitsmanagement
Datum Präsenzphase:	16.11.-18.11.2015
Name, Vorname:	Schweer Florian
Studienort:	Saarbrücken
Semester:	Sommersemester 2014

Inhaltsverzeichnis

1 Schwerpunktthema/Forschungsgegenstand/Forschungs- fragen

1.1 Schwerpunktthema

Als Schwerpunktthema wird der Bereich Stressbewältigung im Setting Betrieb gewählt. Dies deshalb, weil im Rahmen der betrieblichen Gesundheitsförderung häufig dem Bereich Stressmanagement eine geringe Bedeutung zukommt (Graf & Grote, 2003). Dabei fühlen sich viele Menschen aufgrund des Anspruchs ständiger Erreichbarkeit und den gestiegenen Anforderungen an die individuelle Leistungsfähigkeit gestresst, gehetzt und ausgebrannt. Leider fehlt es aber häufig an entsprechenden Angeboten zur Verbesserung des individuellen Stressmanagements. Aus diesem Grund besteht hier Handlungsbedarf.

1.2 Ausgangssituation/Problemstellung

Der technische Fortschritt, insbesondere die verbesserten Kommunikationstechnologien und die Globalisierung bringen Vorteile, aber auch Nachteile mit sich. Diese Entwicklung nimmt im Rahmen unserer Leistungsgesellschaft zuweilen groteske Züge an: Es gibt kaum jemanden, der nicht „im Stress" ist und einmal ein Burnout erlitten zu haben gehört schon fast zum guten Ton. Schließlich zeugt dies davon, dass diese Personen somit auch etwas geleistet haben. Vor allem in der Arbeitswelt hat die Stressbelastung in den letzten Jahren immer mehr zugenommen. Zusammen mit betriebsfremden Belastungen kann diese mitunter, vor allem wenn sie lang andauernd auf den Organismus wirkt, gravierende psychische wie auch physische Beeinträchtigungen oder Krankheiten hervorrufen und die Lebensqualität maßgeblich mindern. Nebst den volkswirtschaftlichen Folgen in Form höherer Krankenkassenkosten hat diese Entwicklung vor allem für Unternehmen gravierende Auswirkungen. Denn arbeitsbedingter Stress stellt nach Rückenschmerzen das zweithäufigste Gesundheitsproblem in der EU dar. Fast ein Drittel der Arbeitskräfte ist von arbeitsbedingtem Stress betroffen (Cox, Griffiths, & Rial-Gonzalez, 2002). So führen steigende Personalausfälle aufgrund von stressbedingten Krankheiten zu immer höheren Kosten. Aus diesem Grund findet momentan gerade im betrieblichen Kontext ein Umdenken statt: Unternehmen haben realisiert, dass präventive Maßnahmen zur Verminderung oder Vermeidung von Stress nicht einfach einen weiteren Kostenpunkt im Rahmen der mitarbeiterfreundlichen Präsentation des Unternehmens in der Öffentlichkeit darstellen, sondern sich diese Investitionen auf lange Sicht aufgrund geringerer Personalausfälle und Fehlzeiten auch finanziell auszahlen. Aus diesem Grund finden Stressmanagement-Programme auch im betrieblichen Rahmen immer mehr Anwendung.

Ob und wie stark ein Individuum Stress empfindet, ist unterschiedlich. Für den Einen ruft eine bestimmte Situation keine Stressreaktion hervor, weil er genügend Ressourcen besitzt, um die Sachlage stressfrei bewältigen zu können, ein Anderer reagiert mit einer ausgeprägten Stressreaktion, welche sich zum Beispiel durch Zittern, Herzrasen oder Schweißausbrüche manifestieren kann. Auch die Folgen von Stress können vielfältig und in ihrer Intensität individuell verschieden sein: Auf der physischen Seite sind unter anderem Herz- und Kreislaufprobleme, Verspannungen und Rückenschmerzen auf Stress zurückführbar, psychisch kann sich Stress in Form von Unlust, Abgeschlagenheit oder sogar Depressionen bis hin zum Burnout Syndrom bemerkbar machen. Bei der Entstehung und der Auswirkung von Stress zeigen sich somit große interindividuelle Unterschiede. Dies stellt bei der Konzeption von Stressmanagement-Programmen eine erhebliche Herausforderung dar. Es gilt, die einzelnen Bausteine und Maßnahmen eines Konzeptes so zusammenzufügen, dass möglichst alle beteiligten Personen mit ihren unterschiedlichsten Bedürfnissen, Wahrnehmungen und Ausprägungen von Stress angesprochen werden können. Gerade im betrieblichen Kontext ist dies in der Praxis nur schwer bis unmöglich umsetzbar. Denn um möglichst alle Mitarbeiter eines Unternehmens erreichen zu können, müssten eine Vielzahl an unterschiedlichen Maßnahmen implementiert werden, was aber aus Kostengründen meist nicht möglich ist. Daher wird sich in den Programmen auf einige wenige Maßnahmen beschränkt. Dies führt dazu, dass sich jeweils eine gewisse Anzahl Mitarbeiter durch die implementierten Maßnahmen nicht angesprochen fühlt. So wird zum Beispiel ein Kurs zum autogenen Training angeboten, doch ein Teil der Belegschaft findet den Zugang zur Entspannung aber mehr über bewegungsorientierte Programme oder sportliche Betätigung und zeigt kein Interesse an Entspannungstechniken. Auch gibt es immer Mitarbeiter, welche gar kein Bedürfnis an einer Teilnahme an einem solchen Stressmanagement-Programm haben. Ein Teil der Investitionen verläuft daher im Sand.

Der Erfolg, gemessen an der Stressmanagementkompetenz der Teilnehmer, vieler solcher Konzepte, welche im betrieblichen Rahmen umgesetzt werden, reduziert sich oftmals aus den genannten Gründen. Ich habe aus diesem Grund ein Stressmanagement-Programm für den betrieblichen Kontext erstellt, welches den unterschiedlichsten Bedürfnissen, Wahrnehmungen und Ausprägungen von Stress gerecht werden und die

Stressmanagementkompetenzen aller Teilnehmer, unabhängig ihrer individuellen Stressproblematik, mit ein und demselben Programm signifikant verbessern soll.

1.2.1 Inhalte der Intervention

Wird ein Stressmanagement-Programm in einem Unternehmen implementiert, lässt sich aus den vorher genannten Gründen kaum verhindern, dass die Erfolgsrate des Programmes sinkt, weil Personen angesprochen werden, bei denen die einzelnen Maßnahmen oder das gesamte Programm nicht ihren Bedürfnissen in Bezug auf ihre Stressproblematik entsprechen. Es muss deshalb das Ziel sein, ein Stressmanagement-Programm zu entwickeln, welches außerhalb des betrieblichen Kontextes zur Anwendung kommt, die betrieblich bedingten Stressproblematiken aber mit einbindet. Dies hat den Vorteil, dass nur Personen am Programm teilnehmen, welche schon eine gewisse Affinität zur Thematik „Stress" entwickelt haben. Das Bewusstsein für Stress nimmt, unter anderem durch die langsame aber stetige Enttabuisierung psychischer Krankheiten in den letzten Jahren und die große Medienpräsenz des Themas „Stress" immer mehr zu. Mit der Implementierung eines Stressmanagement-Programms außerhalb des betrieblichen Rahmens könnten gezielt jene Menschen angesprochen werden, welche bereits den ersten und wichtigsten Schritt auf ihrem „Stressmanagement-Weg" gemacht haben, nämlich sich der Thematik bewusst zu werden und Interesse an einer Veränderung ihrer persönlichen Stressmanagementkompetenz zu entwickeln. Dies steigert die Erfolgschancen eines solchen Programms im Vergleich zu einer betrieblichen Implementierung aus den im vorhergehenden Kapitel genannten Gründen erheblich. Das nachfolgend beschriebene Stressmanagement-Programm soll deshalb den Anspruch haben, nicht nur im betrieblichen Kontext, in einer bestimmte Branche oder gar nur in einem bestimmten Unternehmen anwendbar, sondern vollständig außerhalb des betrieblichen Kontextes umsetzbar und somit für jeden Interessierten innerhalb eines gewissen geografischen Radius zugänglich zu sein. Das Programm bezieht sich zwar auch auf Stressproblematiken, welche aus dem betrieblichen Rahmen entstehen, findet aber außerhalb statt. Die Teilnehmer absolvieren dieses somit in ihrer Freizeit. Da sie direkt angesprochen werden und nicht über das Unternehmen, liegen die Entscheidung über eine Teilnahme sowie die Teilnahmekosten bei den einzelnen Personen. Da der Arbeitgeber aber von einer erhöhten Stressmanagementkompetenz des Mitarbeiters profitiert, ist es auch das Ziel dieses Programmes, die Unternehmen für eine Kostenbeteiligung oder –Übernahme zu gewinnen.

Die Konzeption des Programms orientiert sich am Stressmanagement-Modell von Kaluza (2005). Da anhand der aktuellen Studienlage davon auszugehen ist, dass die Effektivität von verhältnispräventiven Maßnahmen eher gering ist (Scharpe, 2011), beschränkt sich dieses auf verhaltenspräventive Ansätze und bewegt sich somit im Bereich des individuellen Stressmanagements. Auf verhältnispräventive Maßnahmen wird auch verzichtet, weil das Programm außerhalb des betrieblichen Rahmens stattfindet und verhältnispräventive Ansätze für den einzelnen Teilnehmer somit schwer umsetzbar sind.

Um einen möglichst großen Erfolg zu generieren, sollen dabei nach dem multimodalen Ansatz alle Formen des individuellen Stressmanagements in das Programm mit einbezogen werden: das instrumentelle Stressmanagement, welches am eigentlichen Stressor ansetzt (zum Beispiel durch systematisches Problemlösen oder eine bessere Zeitplanung) das kognitive Stressmanagement, welches individuelle Stressverstärker wie bestimmte Motive oder Bewertungen in den Vordergrund stellt und das Ziel hat, diese beispielsweise durch eine positive Selbstinstruktion zu ändern, und schließlich das palliativ-regenerative Stressmanagement, welches mittels verschiedenster Aktivitäten wie zum Beispiel Entspannungstechniken oder Bewegung die Folgen der Stressreaktion zu minimieren versucht.

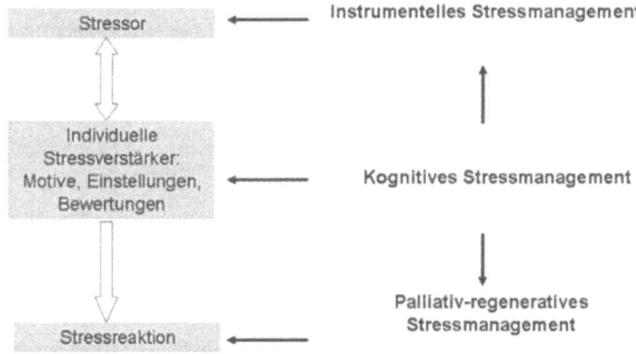

Abb. 1: Individuelles Stressmanagement (nach Kaluza, 2005, S. 52)

Das Programm dauert 10 Wochen und besteht aus folgenden Bausteinen:

- 1 Infoveranstaltung
- 1 Kick-off-Event
- 8 Sitzungen Wissensvermittlung
- Broschüre „Stress verstehen"

- Gruppenkurs PMR oder sportliche Betätigung (8 Sitzungen)

- 1 Schlussveranstaltung

Dabei findet die Infoveranstaltung 4 Wochen vor dem eigentlichen Programmstart statt. Woche 1 beginnt dann mit dem Kick-off-Event. Ab Woche 2 finden wöchentlich je eine Sitzung Wissensvermittlung und wahlweise eine Einheit PMR oder sportliche Betätigung statt:

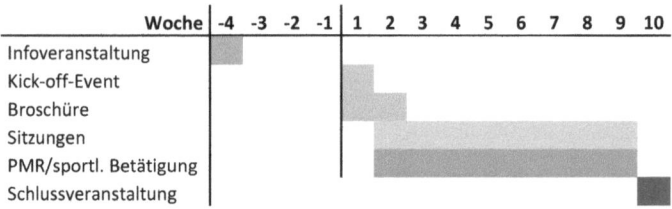

Abb. 2: Zeitliche Abfolge der Maßnahmen

1.3 Forschungsdefizite

Da das Programm in diesem Jahr von mir konzipiert und bis anhin noch nicht evaluiert wurde, ist die effektive Wirksamkeit des Programms nicht belegt und es existieren keine Daten dazu. Insbesondere in Bezug auf die Ergebnisevaluation stellt sich somit die Frage, ob das von mir konzipierte Stressbewältigungsprogramm die Stressmanagementkompetenzen der Teilnehmer tatsächlich signifikant verbessert. Dies soll mit der folgenden Wirkungsanalyse überprüft werden.

1.4 Untersuchungsziel/Forschungsfragen/Zielparameter

1.4.1 Übergeordnete Zielsetzung der Intervention

Es gilt, einen Weg zu finden, um alle Teilnehmer unabhängig ihrer jeweiligen Stressproblematik erreichen zu können. Aus diesem Grund ist es der Ansatz des Programms, in erster Linie durch die Wissensvermittlung zum Thema „Stress" und „Stressmanagement" die Stressmanagementkompetenzen der Teilnehmer zu erhöhen. Denn ohne das Wissen über die Thematik ist es nicht möglich, im Bereich des individuellen Stressmanagements tätig zu werden. Die Annahme des Programms ist es, dass mittels der Wissensvermittlung ein wesentlicher Beitrag zur Erhöhung der individuellen Stressmanagementkompetenzen erzielt werden kann. Wie soll man zum Beispiel im Rahmen des kognitiven Stressmanagements in Bezug auf eine bestimmte Situation eine Einstellungsveränderung vornehmen können, wenn man nicht weiß, wie und warum Stress entsteht? Es wird deshalb davon ausgegangen, dass nur mit einem gewissen Grundwissen über die Thematik langfristige Erfolge im Bereich des Stressmanagements möglich sind. Deshalb soll die Wissensvermittlung einen wesentlichen Teil des Programms ausfüllen, weil sie die Basis des Erfolgs darstellt.

Die Ziele des Programms werden in ein Hauptziel und weitere Ziele gegliedert und sind somit folgende:

1.4.1.1 Hauptziel

- Erhöhung der Stressmanagementkompetenzen der Teilnehmer

1.4.1.2 Weitere Ziele

- Wissensvermittlung zum Thema „Stress" und „Stressmanagement"
- Einführung der Teilnehmer in eine Entspannungstechnik oder eine sportliche Betätigung zum Spannungsausgleich mit dem Ziel der selbstständigen Durchführung im Anschluss an das Programm
- Für jede interessierte Person, unabhängig ihres Alters, Geschlechts und Branchenzugehörigkeit anwendbar
- Außerhalb des betrieblichen Rahmens durchführbar
- Einbezug der jeweiligen Arbeitgeber im Rahmen einer Kostenbeteiligung oder - Übernahme
- Möglichst geringer Personalaufwand

1.4.2 Forschungsfragen/Arbeitshypothesen

In Bezug auf die Forschungsfragen/Hypothesen soll der Fokus auf das Hauptziel „Erhöhung der Stressmanagementkompetenzen der Teilnehmer" gelegt werden. Die unter Punkt 1.4.1.2 erwähnten weiteren Ziele werden nicht in die weiteren Untersuchungen mit einbezogen.

1.4.2.1 Forschungsfrage

Aus der übergeordneten Zielstellung der Intervention, der „Erhöhung der Stressmanagementkompetenzen der Teilnehmer" lässt sich in Bezug auf die Wirksamkeit des Programms folgende Forschungsfrage ableiten:

Erhöht die Teilnahme am Stressmanagementprogramm die Stressmanagementkompetenzen der Teilnehmer?

1.4.2.2 Hypothesenformulierung

Auf Basis dieser Forschungsfrage kann folgende, gerichtete Alternativhypothese H_1 aufgestellt werden:

Die Teilnahme am zehnwöchigen Stressmanagementprogramm verbessert die Stressmanagementkompetenzen signifikant.

Die Nullhypothese H_0 lautet folglich:

Die Teilnahme am zehnwöchigen Stressmanagementprogramm verbessert die Stressmanagementkompetenzen nicht signifikant.

1.4.3 Zielparameter

Aus den Hypothesen kann als Zielparameter die Stressmanagementkompetenz abgeleitet werden.

1.4.3.1 Definition Stressmanagementkompetenz

Stressmanagementkompetenz beschreibt die Fähigkeiten des individuellen Umgangs mit Stress sowie das Verhalten in Stress auslösenden Situationen. Kaluza versteht unter dem Ziel von Stressmanagement nicht ein möglichst anforderungsarmes Leben, sondern es geht darum, einen möglichst gesunden Umgang mit von außen gesetzten und selbst gestellten Anforderungen zu erstreben (2014).

2 Untersuchungsaufbau und –ablauf

2.1 Probandenkollektiv

Die Stichprobe wird aus der Grundgesamtheit der an dem Programm teilnehmenden Personen generiert und stellt somit eine sogenannte Klumpenstichprobe dar, da diese aus denjenigen Beteiligten gebildet wird, die sich bereit erklären, an der Untersuchung teilzunehmen. Die Anzahl Untersuchungseinheiten (=Personen) soll n>50 betragen, Ausschlusskriterien werden keine definiert, da die Stichprobe der Grundgesamtheit der am Programm teilnehmenden Personen möglichst ähnlich sein soll.

2.2 Studiendesign

Um die Wirksamkeit des Programmes zu überprüfen, muss die durch das Programm erreichte Veränderung gemessen werden. Aus diesem Grund wird der pre-post-Test ausgewählt:

Tab. 1: Forschungsdesign: Pre-post-Test

t_1	t_2	t_3
O	X	O

t: Zeitpunkt

O: Messung (Observation)

X: Einwirken des Stimulus

2.2.1 Untersuchungsmethode

Als Untersuchungsmethode wird die Befragung gewählt. Aufgrund der Größe der Anzahl Untersuchungseinheiten wird diese schriftlich durchgeführt. Als Testverfahren wurde der Kurz-Fragebogen zur Arbeitsanalyse (KFZA) von Prümper, Hartmannsgruber & Frese (1995) ausgewählt. Durch dieses standardisierte Screening-Instrument werden positive und negative Einflüsse der Arbeits- und Organisationsstruktur sowie psychische Belastungen erfasst. Dabei basiert die Auswahl von Items auf bereits vorhandenen Fragebogenverfahren, die Durchführung ist sehr zeitökonomisch. Laut BAuA sind die Gütekriterien vorhanden (2015).

Der KFZA stellt ein subjektives Erhebungsinstrument dar, es steht somit das Erleben der Arbeitssituation aus der Sichtweise der Befragten im Vordergrund. Dabei werden aus mehreren Items zusammen Nebendimensionen gebildet, aus denen wiederum dann die Hauptdimensionen „Arbeitsinhalte", „Ressourcen", „Stressoren" sowie „Organisationsklima" zusammengefasst werden. Es wird davon ausgegangen, dass die subjektive Beurteilung dieser vier Dimensionen mit dem Ausmaß der Stressmanagementkompetenzen positiv korreliert, womit der Schwierigkeit der Messbarkeit der Stressmanagementkompetenzen Tribut gezollt wird.

Verbessert sich somit die Bewertung von einer bis zu drei Hauptdimensionen aufgrund der Teilnahme am Programm signifikant, soll davon ausgegangen werden, dass sich die Stressmanagementkompetenzen durch die Maßnahme teilweise oder bei einer Verbesserung aller vier Dimensionen gesamthaft verbessert haben.

Die Alternativhypothese H_1 wird somit angenommen, wenn bei mindestens einer Dimension signifikante positive Veränderungen festgestellt werden können.

2.2.2 Untersuchungsablauf

Bei der Infoveranstaltung werden alle Programmteilnehmer über die Untersuchung informiert. Jenen Personen, welche sich zur Teilnahme bereit erklären, wird dann der KFZA abgegeben. Diesen haben sie dann am Kickoff-Event abzugeben (t1).

Nach Beendigung des gesamten Programms nach 10 Wochen füllen die Befragten den KFZA-Fragebogen im Rahmen des Schlussevents ein zweites Mal aus (t2).

Der zeitliche Ablauf ist somit wie folgt geplant:

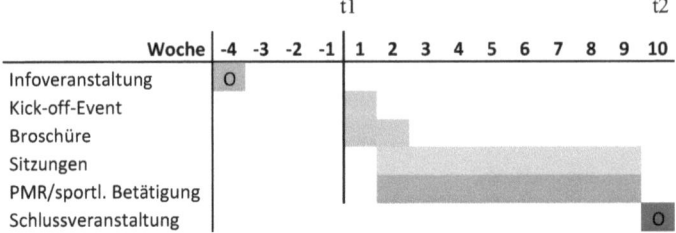

Abb. 3: Untersuchungsablauf

t: Zeitpunkt

O: Messung (Observation)

Der Fragebogen ist im Anhang ersichtlich.

3 Datenauswertung

Die Datenauswertung erfolgt mit dem Programm Microsoft Excel. Als erstes erfolgt im Rahmen der Datenaufbereitung zuerst die Zusammenfassung der Ergebnisse der verschiedenen Items zu den Nebendimensionen, welche dann wiederum zu den Hauptdimensionen zusammengefasst werden. Dies geschieht durch Aufsummierung der Ergebnisse.

Danach erfolgt die deskriptiv- sowie die inferenzstatistische Auswertung. Die im Folgenden beschriebenen Parameter werden für die Ergebnisse jeder Hauptdimension („Arbeitsinhalte", „Ressourcen", „Stressoren" sowie „Organisationsklima") der beiden Messungen bestimmt.

3.1 Deskriptiv-statistische Auswertung

Die deskriptive (beschreibenden) Statistik besteht aus Lage- und Streuungsparametern. Diese bilden dann die Ausgangslage für die darauffolgende inferenzstatistische Auswertung.

3.1.1 Lageparameter

3.1.1.1 Mittelwerte

Für die spätere inferenzstatistische Auswertung ist im Bereich der Lageparameter die Berechnung des arithmetischen Mittels notwendig. Die Formel zur Berechnung des arithmetischen Mittels lautet:

$$\bar{x}_{\text{arithm}} = \frac{1}{n} \sum_{i=1}^{n} x_i = \frac{x_1 + x_2 + \cdots + x_n}{n}$$

Abb. 4: Formel zur Berechnung des arithmetischen Mittels

3.1.2 Streuungsparameter

Bei den Streuungsparametern werden für die spätere inferenzstatistische Untersuchung die Spannweite und die Standardabweichung berechnet.

3.1.2.1 Spannweite

Die Spannweite beschreibt den Abstand zwischen dem größten und dem kleinsten Messwert und wird wie folgt berechnet:

$$R = x_{max} - X_{min}$$

Abb. 5: Formel zur Berechnung der Spannweite

3.1.2.2 Standardabweichung

Die Varianz bildet sich aus der Summe der quadrierten Abweichungen aller Messwerte von ihrem arithmetischen Mittel, geteilt durch N. Die Standardabweichung s ist die Quadratwurzel der Varianz:

$$s = \sqrt{\frac{\sum (x - \bar{x})^2}{n-1}}$$

Abb. 6: Formel zur Berechnung der Standardabweichung

3.2 Inferenzstatistik

3.2.1 Prüfung auf Normalverteilung

Im Rahmen der inferenzstatistischen Untersuchung muss zuerst geklärt werden, ob die Ergebnisse normalverteilt sind oder nicht. Dabei empfiehlt Lohöfer den Schnelltest auf Normalverteilung nach David, wobei das Verhältnis G zwischen der Spannweite und der Standardabweichung berechnet wird (2011). Danach erfolgt eine Gegenüberstellung des errechneten G-Wertes mit den unteren und oberen Schranken der David-Test-Tabelle.

3.2.2 Unterschiedsüberprüfung: t-Test für abhängige Stichproben

Da davon ausgegangen werden kann, dass die Ergebnisse der beiden Messungen normalverteilt sind, die beiden Stichproben gleich groß und abhängig voneinander sind und die Ergebnisse aufgrund der Darstellung in einer fünfstufigen Lickert-Skala als intervallskaliert angesehen werden, wird der t-Test für abhängige Stichproben zur Unterschiedsüberprüfung ausgewählt. Dabei werden die Mittelwerte der Hauptdimensionen miteinander verglichen. Folgende Formel kommt dabei zur Anwendung:

$$t = \frac{\overline{d}}{\sqrt{\dfrac{\sum\limits_{i=1}^{n} d_i^2 - n \cdot \overline{d}^2}{n \cdot (n-1)}}}$$

Abb. 7: Formel für die Durchführung des t-Tests bei abhängigen Stichproben

Dabei ist:

$\overline{d} = x_1 - x_2$ = arithmetisches Mittel der Differenzen

mit:

d_i = paarweise Differenzen

n = Anzahl der Probanden

$df = n - 1$

Die Irrtumswahrscheinlichkeit wird mit $\alpha = 0.05$ festgelegt. Damit und mit der Zahl der Freiheitsgrade lässt sich somit aus der Tabelle ein kritischer Wert ablesen. Sind die Werte des t-Testes tiefer als der kritische Wert, ist der Unterschied nicht signifikant, sind sie darüber, ist er es.

Wie unter Punkt 2.2.1 bereits erläutert, soll die Alternativhypothese HV_1 angenommen werden, wenn bei mindestens einer Hauptdimension eine signifikante positive Veränderung festgestellt werden kann.

4   Literaturverzeichnis

5   Literaturverzeichnis

BAuA. (2015). *BAuA: Bundesanstalt für Arbeitsschutz und Arbeitsmedizin.*KFZA: Kurz-Fragebogen zur Arbeitsanalyse. Zugriff am 12.12.2015. Verfügbar unter http://www.baua.de/de/Informationen-fuer-die-Praxis/Handlungshilfen-und-Praxisbeispiele/Toolbox/Suche/Datarecord_toolbox.html?idDatarecord=82529

Cox, J., Griffiths, S., & Rial-Gonzalez, M. (2002). *Research in work related stress.* Brüssel: Europäische Agentur für Sicherheit und Gesundheitsschutz am Arbeitsplatz.

Graf, H., & Grote, V. (2003). *Betriebliche Gesundheitsförderung als Personal- und Organisationsentwicklung in Klein- und Mittelunternehmen aus der Sicht von Führungspersonen.* Rosegg: Logo Consult GmbH.

Kaluza, G. (2005). *Stressbewältigung.Trainingsmanual zur psychologischen Gesundheitsförderung.* Heidelberg: Springer.

Kaluza, G. (2014). *Was können wir tun? – Die drei Säulen der Stresskompetenz im Überblick.* Berlin: Springer.

Lohöfer, H. (2011). Grundlagen der Mathematik für Biologen. Schnelltest auf Normalverteilung nach David. Zugriff am 12.12.2015. Verfügbar unter https://www.mathematik.uni-marburg.de/~lohoefer/biologie/Schnelltest-nach-%20David.pdf

Prümper, J., Hartmannsgruber, K., & Frese, M. (1995). KFZA.Kurz-Fragebogen zur Arbeitsanalyse. *Zeitschrift für Arbeits- und Organisationspsychologie 39* , S. 125-132.

Scharpe, N. (2011). Wirkungen der Arbeit. In F. Nerdinger, G. Blickle, & N. Scharpe, *Arbeits- und Organisationspsychologie* (S. 275-296). Heidelberg: Springer.

6 Abbildungs- und Tabellenverzeichnis

6.1 Abbildungsverzeichnis

6.2 Tabellenverzeichnis

Anhang

Fragebogen KFZA

Herzlichen Dank, dass Sie sich dazu bereit erklären, an dieser Studie teilzunehmen.

Der Ablauf wird wie folgt sein:

- Ausfüllen des unten stehenden Fragebogens (ca. 10min)
- Studieren der beigelegten Broschüre und Umsetzung in den (Arbeits-) Alltag
- Ausfüllen eines weiteren Fragebogens nach 2 Wochen

Ich bitte Sie nun, folgende Angaben zu machen. Somit ist es mit dieser Kodierung möglich, die Fragebogen später einander zuzuordnen und trotzdem eine vollständige Anonymität gewährleisten zu können:

- Dritter Buchstabe des Nachnamens:

- Erster Buchstabe des Vornamens der Mutter:

- Geburtsmonat in Zahlen (Format "XX"):

- Zweiter Buchstabe des Wohnortes:

Alter:

Geschlecht:

! Füllen Sie bitte den Fragebogen aus, bevor Sie die Broschüre studieren.

! Um den Erfolg der Studie zu gewährleisten, ist Ihr persönliches Urteil von entscheidender Bedeutung.

! Ihre Angaben in diesem Fragebogen werden vertraulich behandelt, die Datenauswertung erfolgt anonym.

! Bitte lassen Sie keine Frage aus.

Seite 1

17/20

	sehr wenig	ziemlich wenig	etwas	ziemlich viel	sehr viel
AT01 Wenn Sie ihre Tätigkeit insgesamt betrachten, inwieweit können Sie die Reihenfolge der Arbeitsschritte selbst bestimmen?	○	○	○	○	○
AT02 Wie viel Einfluss haben Sie darauf, welche Arbeit Ihnen zugeteilt wird?	○	○	○	○	○
AT03 Können Sie Ihre Arbeit selbstständig planen und einteilen?	○	○	○	○	○
AT04 Können Sie bei Ihrer Arbeit Neues dazulernen?	○	○	○	○	○
AT05 Können Sie bei Ihrer Arbeit Ihr Wissen und Können voll einsetzen?	○	○	○	○	○

	trifft gar nicht zu	trifft wenig zu	trifft mittelmäßig zu	trifft überwiegend zu	trifft völlig zu
AT06 Bei meiner Arbeit habe ich insgesamt gesehen häufig wechselnde, unterschiedliche Arbeitsaufgaben.	○	○	○	○	○
AT07 Bei meiner Arbeit sehe ich selber am Ergebnis, ob meine Arbeit gut war oder nicht.	○	○	○	○	○
AT08 Meine Arbeit ist so gestaltet, dass ich die Möglichkeit habe, ein vollständiges Arbeitsprodukt von Anfang bis Ende herzustellen.	○	○	○	○	○
AT09 Ich kann mich auf meine Kolleginnen und Kollegen verlassen, wenn es bei der Arbeit schwierig wird.	○	○	○	○	○

Seite 2

	trifft gar nicht zu	trifft wenig zu	trifft mittelmäßig zu	trifft überwiegend zu	trifft völlig zu
AT10 Ich kann mich auf meine/n direkte/n Vorgesetzte/n verlassen, wenn es bei der Arbeit schwierig wird.	O	O	O	O	O
AT11 Man hält in der Abteilung gut zusammen.	O	O	O	O	O
AT12 Diese Arbeit erfordert enge Zusammenarbeit mit anderen Kolleginnen und Kollegen im Betrieb.	O	O	O	O	O
AT13 Ich kann mich während der Arbeit mit verschiedenen Kolleginnen und Kollegen über dienstliche und private Dinge unterhalten.	O	O	O	O	O
AT14 Ich bekomme von Vorgesetzten und Kollegen immer Rückmeldung über die Qualität meiner Arbeit.	O	O	O	O	O
AT15 Bei dieser Arbeit gibt es Sachen, die zu kompliziert sind.	O	O	O	O	O
AT16 Es werden zu hohe Anforderungen an meine Konzentrationsfähigkeit gestellt.	O	O	O	O	O
AT17 Ich stehe häufig unter Zeitdruck.	O	O	O	O	O
AT18 Ich habe zu viel Arbeit.	O	O	O	O	O
AT19 Oft stehen mir die benötigten Informationen, Materialien und Arbeitsmittel (z.B. Computer) nicht zur Verfügung.	O	O	O	O	O
AT20 Ich werde bei meiner eigentlichen Arbeit immer wieder unterbrochen.	O	O	O	O	O

19/20

	trifft gar nicht zu	trifft wenig zu	trifft mittel-mässig zu	trifft über-wiegend zu	trifft völlig zu
AT21 An meinem Arbeitsplatz gibt es ungünstige Umgebungsbedingungen, wie Lärm, Klima, Staub.	○	○	○	○	○
AT22 An meinem Arbeitsplatz sind Räume und Raumausstattung ungenügend.	○	○	○	○	○
AT23 Über wichtige Dinge und Vorgänge in unserem Betrieb sind wir ausreichend informiert.	○	○	○	○	○
AT24 Die Leitung unseres Betriebes ist bereit, die Ideen und Vorschläge der Beschäftigten zu berücksichtigen.	○	○	○	○	○
AT25 Unser Unternehmen bietet gute Weiterbildungsmöglichkeiten.	○	○	○	○	○
AT26 Bei uns gibt es gute Aufstiegschancen.	○	○	○	○	○

Herzlichen Dank für die ehrliche Beantwortung der Fragen

Florian Schweer

BEI GRIN MACHT SICH IHR
WISSEN BEZAHLT

- Wir veröffentlichen Ihre Hausarbeit,
  Bachelor- und Masterarbeit

- Ihr eigenes eBook und Buch -
  weltweit in allen wichtigen Shops

- Verdienen Sie an jedem Verkauf

Jetzt bei www.GRIN.com hochladen
und kostenlos publizieren